Pointen

Pointen · Zitate · Geistesblitze

Kreativ-Verlag
CH-8132 Egg-Zürich

Printed in Switzerland
ISBN 3 906622 02 9
Bei der Bearbeitung dieses Buches konnte sich der Herausgeber in verdankenswerter Weise auf die Publikation «rechts unten», erschienen 1984 im Verlag Frankfurter Allgemeine Zeitung, stützen.

Zum Inhalt

Pointen. Zitate. Geistesblitze. Diese drei Worte charakterisieren den Inhalt unseres Bändchens. Wir haben die Auswahl quer durch alle Epochen getroffen und nach Stichworten gruppiert, getragen von der Absicht, jedem interessierten Leser etwas zu bieten - sei dies nun der Manager im Alltag auf der Suche nach einem Stück praktischer Führungshilfe, der Liebhaber und Sammler von Pointen und Zitaten oder der kontemplativ orientierte Freizeit-Leser.
Pointen, die zum heiteren und ironischen Schmunzeln anregen.
Zitate, die Denkanstösse und das Überdenken provozieren.
Geistesblitze und Gedankensplitter, die zum besinnlichen Verweilen anregen.

«Es ist nicht wenig Zeit, was wir haben, sondern es ist viel, was wir nicht nützen.»
Seneca

Für die Mehrheit der Menschen ist die Arbeit die einzige Zerstreuung, die sie auf Dauer aushalten können.

Dennis Gabor

Faulheit ist die Furcht vor bevorstehender Arbeit.

Cicero

Das Elend ist, dass man den ganzen Tag mit Arbeit vertrödelt.

Norddeutscher Volksmund

Arbeit nennt man die Kur, bei der man sich von der Erholung erholt.

Georg Thomalla

Die Arbeit, die man liegenliess, war nie vergeblich.

Curt Goetz

Beim Überflüssigen beginnt die Kultur.

Professor Michael Kobler

Ein Tischgespräch zu zweit ist das ergiebigste von allen. Das Fehlen von Zuhörern unterdrückt die Eitelkeit.

André Maurois

Essen ist die Erotik des Alters.

Der Frankfurter Androloge Professor Milbradt

«Einen so geistreichen Tischnachbarn zu haben», sagte Chesterton zu dem neben ihm sitzenden George Bernard Shaw, beglücke ihn. – «Gratuliere, mein Lieber», antwortete Shaw, «Sie haben eben mehr Glück als ich.»

Frei ist, wer ohne Angabe eines Grundes eine Einladung zum Essen ausschlagen kann.

Es ist besser, demütig Wein zu trinken als hochmütig Wasser.
Benediktinerspruch aus dem Roussillon

Alter

Je länger man lebt, desto älter man wird.

Unbekannt

Wer seiner eigenen Jugend nachläuft, wird sie nie einholen.

André Maurois

Man kann die Erfahrung nicht früh genug machen, wie entbehrlich man in der Welt ist.

Goethe

Mancher will jung sein, und hat schon siebzigmal Ostereier gegessen.

Sprichwort

Wenn die Zeit kommt, in der man könnte, ist die vorüber, in der man kann.

Marie von Ebner-Eschenbach

Das Menschenleben ist seltsam eingerichtet: nach den Jahren der Last hat man die Last der Jahre.

Alfred Polgar

Im Alter lassen alle Sinne nach, ausgenommen der Starrsinn.

Unbekannt

Keine Grenze wird so ungern überschritten wie die Altersgrenze.

Frank Vonegg

Alte Vögel sind schwer zu rupfen.

Sprichwort

Alt ist man dann, wenn man nicht mehr zusammen mit seinen Zähnen schläft.
Enzo Petrucci

Das Alter ist eine Krankheit, an der man sterben muss.
Sprichwort aus Nordamerika

Manche Frauen haben zwei Ärzte: zu dem älteren gehen sie, wenn sie krank sind; zu dem jüngeren, wenn ihnen etwas fehlt.
Ralph Boller

Kein Arzt wird umgebracht, weil der Patient stirbt.
Sprichwort aus dem Sudan

In der Liebe ist der Doktor ein Esel.
Sprichwort aus Grossbritannien

Der Arzt ist oft gefährlicher als die Krankheit.
Sprichwort aus Grossbritannien

Die meisten Menschen sterben an ihren Ärzten, nicht an ihren Krankheiten.
Sprichwort aus Frankreich

Ein junger Arzt muss drei Friedhöfe haben.
Deutsches Sprichwort

Der Arzt ist ein Wegweiser ins Himmelreich.
Deutsches Sprichwort

Gott lässt genesen, der Arzt kassiert die Spesen.
Deutsches Sprichwort

Wer auf die Leiter steigt, muss den Verstand in den Füssen haben.

Zum Erfolg gibt es keinen Lift. Man muss die Treppe benützen.
Emil Oesch

Um es in der Welt zu etwas zu bringen, muss man tun, als habe man es zu etwas gebracht.
La Rochefoucauld

Eine Investition in Wissen bringt immer noch die besten Zinsen.
Benjamin Franklin

Einbildung verhindert Ausbildung, Ausbildung verhindert Einbildung.

Der Autoritätszerfall in unserer Zeit beruht auf der Feigheit, notwendige Autorität auszuüben.

Die Grenze der Autorität liegt dort, wo die freiwillige Zustimmung aufhört.
Bertrand de Jouvenel

Wer andere stützen will, muss Muskeln haben.
Nordamerikanisch

Autorität scheint sich auf die Übung zu stützen, den Einfluss nur spärlich merken zu lassen.
Robert Walser

Wer von der Bausucht befallen wurde, braucht keinen anderen Gegner, um sich zugrunde zu richten.

Aus Frankreich

Wer nur Mittel hat, die Fassade zu streichen, soll nicht gleich ein ganzes Haus bauen.

Günter Bauer

Bauen ist ein süsses Armmachen.

Sprichwort aus Grossbritannien

Frage lieber einen erfahrenen Mann um Rat als einen gelehrten Professor.

Frank Vonegg

Guter Verwaltungsrat ist nicht teuer.

Frank Vonegg

«Rat zu geben, ist das dümmste Handwerk, das einer treiben kann. Rate sich jeder selbst und tue, was er nicht lassen kann.»

Goethe

Ein Pfuscher in eigener Sache wird mitunter ein tüchtiger Kritiker in fremder.

Emil Baschnonga

Guter Rat ist wie Schnee: Je leiser er fällt, desto länger bleibt er liegen.
Unbekannt

Ich höre immer auf meine Berater. Stimmt deren Meinung mit meiner überein, wird ihre Ansicht verwirklicht, ansonsten meine.
Ein Unternehmer

Die guten Freunde sind da, um uns zu sagen, was unsere Feinde von uns denken.
Marie von Ebner-Eschenbach

Zu guten Beziehungen kommt man am schnellsten, wenn man den Anschein erweckt, sie zu besitzen.

Sigmund Graff

Manche Ehe ist ein Todesurteil, das jahrelang vollstreckt wird.

August Strindberg

Je mehr Bekannte man hat, um so weniger kennt man die Leute.

Chinesisches Sprichwort

Die Bürokratie ist ein gigantischer Mechanismus, der von Zwergen beherrscht wird.

Honoré de Balzac

Bürokratie ist die Vervielfältigung von Problemen durch Einstellung weiterer Beamter.

Cyril Northcote Parkinson

Wir brauchen Bürokratien, um unsere Probleme zu lösen. Aber wenn wir sie erst haben, hindern sie uns daran, das zu tun, wofür wir sie brauchen.

Ralf Dahrendorf

«Wenn sich die Bürokratie weiter so ausbreitet wie bisher, wird Gott die nächste Sintflut nicht mit Wasser, sondern mit Papier veranstalten.»

Cyril Northcote Parkinson

Der Computer ist die logische Weiterentwicklung des Menschen: Intelligenz ohne Moral.
John Osborne

Die Zukunft der Sprache ist die Formel.
C.W. Ceram

Wie man ein Unternehmen ruinieren kann:
1. Durch Frauen (schönste Methode); 2. durch Spielen (schnellste Methode); 3. durch Computer (sicherste Methode).

Eine Maschine kann die Arbeit von fünfzig gewöhnlichen Menschen leisten, aber sie kann nicht einen einzigen aussergewöhnlichen ersetzen.
Elbert Hubbard

Denken ist nicht verboten.
Frank Vonegg

Es liegt eben in der menschlichen Natur, vernünftig zu denken und unlogisch zu handeln.
Anatole France

Wer eine rasche Zunge hat, soll wenigstens langsam denken.
Aus Kreta

Wer keinen Verstand hat, ist dennoch mit dem seinen zufrieden.
Aus Südafrika

Wenn über eine dumme Sache mal
endlich Gras gewachsen ist,
kommt sicher ein Kamel gelaufen,
das alles wieder runterfrisst.

Unbekannt

Nur wer Dummheiten macht,
wird gescheiter. Darum gibt es so
viele gescheite Leute.

Frank Vonegg

Auch der Dumme hat manch-
mal einen gescheiten Gedanken.
Er merkt es nur nicht.

Danny Kaye

Je weniger Verstand einer hat, um
so weniger merkt er den Mangel.

Sprichwort aus Grossbritannien

Es gibt Kamele mit einem Höcker
und welche mit zweien. Aber
die grössten haben gar keinen.
Schopenhauer

Ein richtiger Dummkopf wird nur,
wer sich das Fragen abgewöhnt
hat.
Unbekannt

Dummheit, die man bei andern sieht,
wirkt meist erhebend aufs Gemüt.
Wilhelm Busch

Alberne Leute sagen Dummheiten.
Gescheite Leute machen sie.
Marie von Ebner-Eschenbach

Wenn man Dummheiten macht,
müssen sie wenigstens gelingen.
Napoleon

«Wer da handelt, der hat gewöhnlich den Gewinn. Wer alles überlegt und zaudert, der nicht.»

Lieber keinen Erfolg als keinen Entschluss.
Karl Heinrich Waggerl

Management by Fallobst: Wenn Entscheidungen reif sind, fallen sie von selbst.

Wer schon die Übersicht verloren hat, muss wenigstens den Mut zur Entscheidung haben.
Büroweisheit

Wer jede Entscheidung zu schwer nimmt, kommt zu keiner.
Harold Macmillan

Es ist nicht zu glauben, wie schlau und erfinderisch die Menschen sind, um der letzten Entscheidung zu entgehen.
Sören Kierkegaard

Man löst keine Probleme, indem man sie auf Eis legt.
Winston Churchill

Es ist besser, ein Problem zu erörtern, ohne es zu entscheiden, als es zu entscheiden, ohne es erörtert zu haben.
Joseph Joubert

Erfolgreich sind wir nur, wo wir nützen, nicht wo wir ausnützen.
Oesch

Jeder Erfolg, den man erzielt, schafft uns einen Feind. Man muss mittelmässig sein, wenn man beliebt sein will.
Oscar Wilde

Wer arbeitet, ist vor dem Erfolg nie sicher.
Büroweisheit

Um grosse Erfolge zu erreichen, muss etwas gewagt werden.
Helmuth von Moltke

Wenn alle Wege verstellt sind, bleibt nur der nach oben.
Franz Werfel

Erfolgserlebnisse sind Stufen, denen man nicht ansieht, ob sie zu einer Leiter oder zu einer Tretmühle gehören.

Helmar Nahr

Erfolg ist eine Strafe. Man muss sich mit Leuten abgeben, die man vorher meiden konnte.

Norman Mailer

Viele erkennen zu spät, dass man auf der Leiter des Erfolgs einige Stufen überspringen kann. Aber immer nur beim Hinuntersteigen.

William Somerset Maugham

Um in der Welt Erfolg zu haben, braucht man Tugenden, die beliebt, und Fehler, die gefürchtet machen.

Joubert

In der Auswahl seiner Feinde kann man nicht sorgfältig genug sein.
Oscar Wilde

Liebe Deine Feinde, nichts ärgert sie mehr.
Unbekannt

Ich habe immer auf die Verdienste meiner Widersacher acht gehabt und daraus Vorteil gezogen.
Goethe

Feindbilder sind sicher nicht die Ursache für einen Krieg; aber sie erleichtern das Marschieren.
Max Frisch

Selbst in der Freizeit wird kräftig getreten.

Frank Vonegg

Der beste Aufschlag vieler Tennisspielerinnen ist ihr Augenaufschlag.

Sigi Sommer

Man findet unter Sportanglern so wenige Frauen, weil Frauen ganz woanders angeln als im Wasser.

Friedrich Schönfelder

Freunde gewinnt man, indem man sich eine Gunst erweisen lässt, nicht indem man eine Gunst erweist.

Paul Valéry

Der Sieger hat viele Freunde, der Besiegte hat gute Freunde.

Mongolisch

Es gibt wenig aufrichtige Freunde. Die Nachfrage ist auch gering.

Marie von Ebner-Eschenbach

Wer ein vernichtendes Urteil über einen Kollegen abgeben will, beginnt mit einem dicken Lob.

Eberhard Ewel

Nur wenige Führungskräfte sehen ein, dass sie letztlich nur eine einzige Person führen können und auch müssen. Diese Person sind sie selbst.
Peter F. Drucker

Wer die anderen neben sich klein macht, ist nie gross.
Johann Gottfried Seume

Wo jeder Befehle gibt, wird keiner ausgeführt.
Portugiesisch

Demokratisches Führen: Wenn der Chef Zustimmung zu Entscheidungen erwirkt, die er längst getroffen hat.

Die gefährlichsten Manager:
Leute mit starker Phantasie und
mit schwachen Nerven.

E. Ewel

Führungskräften, die sich behaupten müssen, fehlt es an Kopf.

Ein Löwe, welcher immer gut brüllt, bekommt einen guten Leumund.

Wer die erste Geige spielen will,
muss immer den richtigen Ton
treffen.

Gerhard Uhlenbruck

Man muss alles sehen, vieles ignorieren, weniges zurechtrücken.

Papst Johannes XXIII

«Meine Untergebenen bewundern alles an mir!» sagte der Chef. – «Und was bewundern Sie an Ihren Mitarbeitern?» – «Ihr ausgewogenes, treffsicheres Urteil.»
E. Ewel

Wer sich zu wichtig für kleinere Arbeiten hält, ist meistens zu klein für wichtige Aufgaben.
Jacques Tati

Bei mir kann jeder machen was ich will.
Unbekannt

Es ist immer verkehrt, zu befehlen, wenn man des Gehorsams nicht sicher ist.
Mirabeau

Fortuna lächelt, doch sie mag nur ungern voll beglücken. Schenkt sie uns einen Sommertag, so schenkt sie uns auch Mücken.

Wilhelm Busch

Zum Trost: Glück strengt genauso an wie Unglück.

Rubert Musil

Der Unterschied zwischen Vergnügen und Glück ist derselbe wie zwischen einem Kahn und einem Ozeandampfer. Auf den Tiefgang kommt es an.

Ewald Balser

Der Glücklichste auf dieser Welt ist der, der sich für glücklich hält.

Unbekannt

Das Glück hat ein lachendes Gesicht, aber einen grimmigen Hintern.
Sprichwort

Das Glück schenkt nichts; es leiht nur.
Deutsches Sprichwort

Einen Tropfen Glück möchte ich haben oder ein Fass Verstand.
Menander

Die wahren Lebenskünstler sind bereits glücklich, wenn sie nicht unglücklich sind.
Jean Anouilh

Persönlichkeiten, nicht Grundsätze, bewegen das Zeitalter.
Oscar Wilde

In der Aufstellung unserer Grundsätze sind wir strenger als in ihrer Betätigung.
Theodor Fontane

Es ist besser, hohe Grundsätze zu haben, die man befolgt, als noch höhere, die man ausser acht lässt.
Albert Schweitzer

Der Grundsatz verhält sich
im Leben wie der Grundbass zur Melodie.

Höflichkeit ist eine Münze, die nur den bereichert, der sie ausgibt.
Chletas

Höflichkeit ist wie ein Luftkissen: Es mag wohl nichts drin sein, aber sie mildert die Stösse des Lebens.
Schopenhauer

Höflichkeit ist der dritte Arm, der uns erlaubt, Zudringliche auf Distanz zu halten.
Walter Kiaulen

Besser ein Einfall als ein Reinfall.
Frank Vonegg

Ein Dummkopf hat mehr Einfälle, als ein Weiser vorhersehen kann.
Josef Conrad

Ideen bringen Geld, aber Geld nicht Ideen.
Unbekannt

Jede Lösung eines Problems ist ein neues Problem.
Goethe zum Kanzler Müller am 8. Juni 1821

Ein guter Einfall ist wie ein Hahn am Morgen. Gleich krähen andere Hähne mit.
Karl Heinrich Waggerl

Das Nachahmen ist allezeit, wie mich dünkt, eine sehr nützliche Sache.
Georg Christoph Lichtenberg

Die meisten Nachahmer lockt das Unnachahmliche.
Marie von Ebner-Eschenbach

Wer in den Fussstapfen eines anderen wandelt, hinterlässt keine eigenen Spuren.
Wilhelm Busch

Am schnellsten kommt man auf dem Steckenpferd seines Vorgesetzten voran.

Rumänisches Sprichwort

Es gibt zwei Wege für den politischen Aufstieg: entweder man passt sich an, oder man legt sich quer.

Konrad Adenauer

Manche Karrieren sind wie Efeu: kriechend steigen sie auf.

Henry Tisot

Um es in der Welt zu etwas zu bringen, muss man tun, als habe man es zu etwas gebracht.

La Rochefoucauld

Der Kluge gibt nicht nach.
Frank Vonegg

Die Klugheit des Fuchses wird oft überschätzt, weil man ihm auch noch die Dummheit der Hühner als Verdienst anrechnet.
Hans Kasper

Der Kluge macht immer den letzten Zug.
Frank Vonegg

Der kluge Mann überlässt der Frau das letzte Wort - nachdem er alles gesagt hat, was zu sagen war.
Johannes Heesters

Man sagt fast jeder Frau etwas Hübsches, wenn man eine andere Frau kritisiert.

Sigmund Graff

Ein wenig Schmeichelei schadet nicht, vorausgesetzt, man atmet sie nicht tief ein.

Adlai Stevenson

Ein Kompliment ist der Sieg der Höflichkeit über die Ehrlichkeit.

Ralph Boller

Ein geglücktes Kompliment ist die charmante Vergrösserung einer kleinen Wahrheit.

Johannes Heesters

Ein Kompromiss, das ist die Kunst, einen Kuchen so zu teilen, dass jeder meint, er habe das grösste Stück bekommen.
Unbekannt

Wo Kompromisse fehlen, dominieren die Faustregeln.
Werner Mitsch

Ein Kompromiss ist dann vollkommen, wenn beide das bekommen, was sie nicht haben wollen.
Edgar Faure

Nichts kann mehr zur Seelenruhe beitragen, als wenn man gar keine Meinung hat.
Lichtenberg

Wenn die Zahl derer, die mitzureden haben, ins unermessliche steigt, dann hören die auf zu reden, die etwas zu sagen haben.

Nicht diejenigen sind zu fürchten, die anderer Meinung sind, sondern diejenigen, die anderer Meinung sind, aber zu feige, es zu sagen.
Napoleon I

Manche Leute werden hauptsächlich deshalb für gebildet gehalten, weil ihnen das wenige, was sie wissen, im richtigen Augenblick einfällt.
Friedrich Julius Stahl

Gesegnet seien jene, die nichts zu sagen haben und den Mund halten.
Oscar Wilde

Lieber Gott, hilf mir, mein grosses Maul zu halten, wenigstens so lange, bis ich genau weiss, über was ich rede.
Tafel in einem Sitzungssaal

Wer immer das letzte Wort haben will, spricht bald mit sich allein.
Bretonisches Sprichwort

Frech gesagt, ist halb gewonnen.
Gerhard Uhlenbruck

Eine Konferenz ist eine Sitzung, bei der viele hineingehen und wenig herauskommt.
Werner Finck

Wenn man sagt, dass man einer Sache grundsätzlich zustimmt, so bedeutet es, dass man nicht die geringste Absicht hat, sie in der Praxis durchzuführen.

Otto von Bismarck

Konferenz: «Der Triumph des Sitzfleisches über das Gehirn.»

Definition eines amerikanischen Bankers

Wir lieben Menschen, die frisch heraus sagen, was sie denken. Vorausgesetzt, sie denken dasselbe wie wir.

Mark Twain

Es gibt Festredner, Anklageredner, Entschuldigungsredner, Hetzredner und Besänftigungsredner. Am häufigsten sind die Drumherumredner.

Sigmund Graff

Konversation ist die Kunst, zu reden, ohne zu denken.
Victor de Kowa

Wenn eine Frau sich empört, weil man ihr einen Kuss geraubt hat, soll man ihn sofort zurückgeben.
Jean-Paul Belmondo

Wer einer Frau ins Wort fällt, hat keine Chance, ihr in die Arme zu fallen.
Günther Schramm

Krisen meistert man am besten, indem man ihnen zuvorkommt.

Walt Whitman Rostow

Die schlimmsten Fehler macht man in der Absicht, einen Fehler gutzumachen.

Jean Paul

Wer ständig den Teufel an die Wand malt, sollte wenigstens gewappnet sein, wenn er wirklich erscheint.

Günter Bauer

Es gibt eine ganze Reihe von Schweizer Unternehmern, die sich für den lieben Gott halten und meinen, keiner könne ihnen etwas beibringen.

Nicolas G. Hayek, Unternehmensberater

Ich halte das Lachen für eine der ernsthaftesten Angelegenheiten.
Raabe

Je mehr der Mensch des ganzen Ernstes fähig ist, desto herzlicher kann er lachen.
Schopenhauer

Lächeln ist die eleganteste Art, dem Gegner die Zähne zu zeigen.
Unbekannt

Der Fleissige hat die meiste Freizeit.
Northcote Parkinson

Aus einer Schlafmütze schüttelt niemand Grütze.
Deutsches Sprichwort

Wer viel leistet, kann sich was leisten.
Frank Vonegg

Wer Leistung fordert, muss selber mehr leisten.
Unbekannt

Es gibt nur drei Methoden, um leben zu können: betteln, stehlen oder etwas leisten.
Honoré Graf Mirabeau

Wenn ich in dreissig Stunden das leisten sollte, wofür mir vierzig nicht ausreichten, dann will ich wenigstens für sechzig bezahlt werden.
Emil Baschnonga

Auf die Dauer bleibt keine gute Tat unbestraft.
Büroweisheit

Lobt man bei einem Menschen Tugenden, die er nicht hat, dann macht man ihm eigentlich Vorwürfe.
La Rochefoucauld

Sage mir, wer dich lobt, und ich sage dir, worin dein Fehler besteht!
Wladimir Iljitsch Lenin

Lob ablehnen heisst, zweimal gelobt sein wollen.
La Rochefoucauld

Lob dem, der auch Kritik verträgt.
Josef H. Titz

Bloss Lob allein nützt einem nicht viel; da muss noch etwas Solideres hinzukommen.
Jean Baptiste Molière

Nicht nur Lob, sondern auch Tadel
zur Unzeit bringt Schaden.
Plutarch

Eigenlob stinkt,
Freundeslob hinkt,
Feindeslob klingt.
Sprichwort

Der grosse Stuhl macht noch keinen König.
Sprichwort aus dem Sudan

Lass nicht deinen Willen brüllen, wenn deine Macht nur flüstern kann.
Thomas Fuller

Willst du den Charakter eines Menschen erkennen, so gib ihm Macht.
Abraham Lincoln

Ein Floh kann einem Löwen mehr zu schaffen machen als ein Löwe einem Floh.
Aus Kenia

Wer seinen Willen durchsetzen will, muss leise sprechen.
Jean Giraudoux

Kein Mensch ist ohne ein Aber.
Deutsches Sprichwort

Wenn jeder Mensch ahnte, von wie vielen er durchschaut wird!
Elias Canetti

Nichts bedarf so sehr einer Änderung als die Gewohnheit anderer Leute.
François-Marie de Arouet Voltaire

Wer die Menschen behandelt, wie sie sind, macht sie schlechter. Wer die Menschen aber behandelt, wie sie sein könnten, macht sie besser.
Goethe

Es gibt keine schlechten Mitarbeiter, sondern nur schlechte Chefs.

Der ehemalige VW-Chef Rudolf Leiding

Erstklassige Männer stellen erstklassige Männer ein; zweitklassige nur drittklassige.

Franz Luwein

Ein gescheiter Mann muss so gescheit sein, Leute anzustellen, die viel gescheiter sind als er.

John F. Kennedy

Wenn Du an jemandem zweifelst, darfst Du ihn nicht anstellen. Wenn Du ihn anstellst, darfst Du nicht an ihm zweifeln.

Unbekannt

Frauen unterwerfen sich willig der Mode; denn sie wissen, dass die Verpackung wechseln muss, wenn der Inhalt interessant bleiben soll.
Noel Coward

Für Frauen ist die Mode der wichtigste aller Stoffwechsel.
Karl Farkas

Mode nennt man den Uniformzwang der Zivilisten.
Claus Biederstedt

Wir könnten es doch einmal mit Aufrichtigkeit und Vertrauen versuchen, sagte er, nachdem alle Motivationstechniken fehlgeschlagen waren.
Joachim Güthe

Geld, der Meister aller Sachen,
weiss aus Nein oft Ja zu machen.
Sprichwort

Ein Acker, der täglich gepflügt wird, trägt keine Früchte.
Rudolf Scheid

Wen man nicht dazu bewegen kann, muss man dazu bequemen.
Emil Baschnonga

Wir irren allesamt, nur jeder irrt anders.
Lichtenberg

Wer einen Fehler gemacht hat und ihn nicht korrigiert, begeht einen zweiten.
Konfuzius

Wer das Risiko tilgt, zertrümmert die Chance.
Emil Baschnonga

Das Vergleichen ist das Ende des Glücks und der Anfang der Unzufriedenheit.
Sören Kierkegaard

Offenheit

Wer verlangt, dass mit offenen Karten gespielt wird, hat gewöhnlich alle Trümpfe in der Hand.
Graham Greene

Wir lieben Menschen, die frisch heraus sagen, was sie denken. Vorausgesetzt, sie denken dasselbe wie wir.
Mark Twain

«Jetzt geht's wieder aufwärts»,
sagte der Spatz, als ihn die Katze
im Maul die Treppe hinauftrug.
Sprichwort

Für den Optimisten ist das Leben
kein Problem, sondern bereits die
Lösung.
Marcel Pagnol

Ein Optimist ist ein Mensch,
der alles halb so schlimm oder
doppelt so gut findet.
Heinz Rühmann

Bevor du dich daranmachst, die Welt zu verändern, gehe dreimal durch dein eigenes Haus.
Chinesische Weisheit

Wer in einer Organisation drinsteckt, kann nicht gleichzeitig auch ausserhalb stehen und sie durchschauen.
Unbekannt

Die besten Reformer, die die Welt je gesehen hat, sind die, die bei sich selbst anfangen.
George Bernard Shaw

Viele Regeln sind eigentlich nur geregelte Ausnahmen.

Das Leben ist wie der Eiskunstlauf: es besteht aus Pflicht und Kür, und oft fällt die Entscheidung in der Pflicht.

Gustav Knuth

Gegen das Fehlschlagen eines Planes gibt es keinen besseren Trost, als auf der Stelle einen neuen zu machen oder bereitzuhalten.
Jean Paul

Eine solide Planung ist die beste Grundlage für eine geniale Improvisation.
Jean-Paul Blum

Solange man Pläne schmiedet, gehört man nicht zum alten Eisen.
Werner Mitsch

Was moralisch falsch ist, kann nicht politisch richtig sein.
Gladstone

Die öffentliche Meinung gleicht einem Schlossgespenst: Niemand hat es gesehen, aber alle lassen sich von ihm tyrannisieren.
Sigmund Graff

Der Politiker denkt an die nächsten Wahlen, der Staatsmann an die nächste Generation.
William Gladstone

Ein Diplomat ist ein Mensch, der offen ausspricht, was er nicht denkt.
Giovanni Guareschi

«Ich mache schon lange keine Prognosen mehr, und schon gar nicht für die Zukunft.»
Bundesbankpräsident Pöhl

Futurologie ist immer noch ein Lotto, auch wenn es noch so wissenschaftlich aussieht.
James Brooking

Ein Prognostiker ist ein Mann, der in lichten Momenten düstere Ahnungen hat.
Tennessee Williams

«Wenn es besser kommt als vorausgesagt, dann verzeiht man sogar den falschen Propheten.»
Ludwig Erhard

Berufsbild eines Ghostwriters:
Ich bin die Null, die aus dem Chef
eine Zehn macht.

Zuerst müssen wir die Fakten
haben, ehe wir sie verdrehen.
La Guardia
(ehem. Bürgermeister von New York)

Man darf das Maul nur so weit
aufreissen, dass man es auch
schnell wieder zumachen kann.
Büroweisheit

Ein Dementi ist nach den inter-
nationalen Gepflogenheiten
die verneinende Bestätigung einer
Wahrheit, die bisher nur als
Gerücht verbreitet war.
Alain Peyrefitte

Ein Huhn wäscht sich nicht, und
doch sind seine Eier weiss.

Sprichwort aus Sierra Leone

Eine gute Rede soll das Thema erschöpfen, nicht die Zuhörer.
Winston Churchill

Sprachkürze gibt Denkweite.
Jean Paul

Nichts ist leichter, als sich schwierig auszudrücken.
Karl Heinrich Waggerl

Lautsprecher verstärken die Stimme, aber nicht die Argumente.
Hans Kasper

Bei kurzer Rede ist gut zuhören,
bei langer gut nachdenken.
Russisch

Der Redner ist einer, der bewirkt,
dass die Menschen mit den Ohren
zu sehen vermögen.
Arabisches Sprichwort

Wer viel redet, glaubt am Ende,
was er sagt.
Honoré de Balzac

Die grossen Sprecher sind nicht
die grossen Macher.
Französisches Sprichwort

Wo geflüstert wird, wird gelogen.
Englisches Sprichwort

Die meisten Menschen leben von der Annahme, dass sie eine Ausnahme seien.

Gut ist, wer besser von sich denkt, als er ist; klug ist, wer das bemerkt.
Emil Baschnonga

Erst soll man an sich selbst den strengsten Massstab legen, eh man sich unterfängt, des anderen Tun zu wägen.
Jean Baptiste Molière

Ein freundliches Wort kostet nichts und ist doch das schönste aller Geschenke.
Daphne du Maurier

Noli equi dentes inspicere donati. Einem geschenkten Gaul sieht man nicht ins Maul.
Sprichwort

Überlege einmal, bevor du gibst, zweimal, bevor du annimmst, und tausendmal, bevor du zulangst.
Marie von Ebner-Eschenbach

Der Katzen Scherz ist der Mäuse Tod.
Sprichwort

Der Scherz ist oft das Loch, aus dem die Wahrheit pfeift.
Chinesisch

Wenn der Scherz am besten ist, soll man aufhören.

Statussymbole sind die Rangabzeichen der Zivilisten.
Vance Packard

Das Merkwürdige an den Statussymbolen ist, dass die Symbole den Menschen wichtiger sind als der Status.
Cyril Northcote Parkinson

Keine Zeit zu haben –
das war das Statussymbol von gestern.
Zeit zu haben –
danach strebt man heute.
Franz Luwein

Der Mensch ist ein merkwürdiges Wesen. Er arbeitet immer härter für das Privileg, immer höhere Steuern zahlen zu dürfen.
George Mikes

Steuerrückzahlung: Die öffentliche Hand klopft dir auf die Schulter.
Werner Mitsch

Es sind die täglichen Kleinkriege, die uns kleinkriegen.
Gerhard Uhlenbruck

Magengeschwüre bekommt man nicht von dem, was man isst; man bekommt sie von dem, wovon man aufgefressen wird.
Lady Mary Montagu

Manche halten einen ausgefüllten Terminkalender für ein ausgefülltes Leben.
Gerhard Uhlenbruck

Einen Satz trag' in den Ohren:
Wer sich aufregt hat verloren.
Karl-Heinz Söhler

Takt ist die Fähigkeit, einem anderen auf die Beine zu helfen, ohne ihm auf die Zehen zu treten.
Curt Goetz

Takt ist die Kunst des richtigen Weghörens.
Viktor de Kowa

Takt lernt man nicht im Fahrplan.
Frank Vonegg

Einen Namen hat man, wenn man keinen Wert mehr auf seine Titel legt.

Sigmund Graff

Titel machen Leute.

Frank Vonegg

Wer sich nur seiner Vorfahren rühmt, bekennt damit, dass er einer Familie angehört, die tot mehr wert ist als lebendig.

J. Lawson

Besser ist, eine Minute im Leben verlieren, als das Leben in einer Minute.
Sprichwort aus Uruguay

Der Tod hat keinen Kalender.

Umsonst ist der Tod, aber er kostet Leute.
Deutsches Sprichwort

Man kann von allen Lastern frei sein und trotzdem keine einzige Tugend besitzen.
Bertrand Russel

Die Stillen haben heute nicht die geringste Chance, ausgenommen auf dem Friedhof.
Norman Mailer

Ein leeres Fass dröhnt lauter als ein gefülltes.
Russisches Sprichwort

Tapfer ist, wer von seiner Furcht keine Notiz nimmt.
George Patton

Hast Du keine Pfeile im Köcher, so wag dich nicht unter die Schützen.
Sprichwort

Besser ein ehrlich Nein als ein falsches Ja.

Weise Leute widerlegen viel mit Stillschweigen.

Jemand, der ganz unrecht hat,
ist leichter zu überzeugen, als einer,
der zur Hälfte recht hat.
Ralph Waldo Emerson

Wenn zwei Menschen immer
die gleiche Ansicht haben, ist einer
davon überflüssig.
Winston Churchill

Definitionen:
Verhandlungspause = Mittler-Weile;
Sitzungssaal = Verhandlungsspielraum.
Ron Kritzfeld

Man muss eine Schlacht oft mehr als einmal schlagen, um sie zu gewinnen.
Margaret Thatcher

Am besten überzeugt man andere mit den Ohren – indem man ihnen zuhört.
Dean Rusk

Es gibt Leute, die bei einem Fünfzig-fünfzig-Vorschlag darauf bestehen, auch noch den Bindestrich zu kriegen.
Lawrence J. Peter

Man muss nicht auf jede Frage eine Antwort haben. Weil eine Frage oft die bessere Antwort ist.
Franz Luwein

Das Argument gleicht dem Schuss einer Armbrust – es ist gleichermassen wirksam, ob ein Riese oder ein Zwerg geschossen hat.
Francis Bacon

Verhandeln ist nicht die schlechteste Form des Handelns.
William Rogers

Wer den Gegner matt setzen will, darf selbst nicht im Schach stehen.
Josef H. Titz

Verkaufen

Verkaufen ist nichts anderes, als dem Partner erlauben, meine Meinung zu seiner eigenen zu machen.

Franz Luwein

Menschenkenner haben immer gewusst, dass man den Leuten eine teure Sache leichter verkaufen kann als eine billige.

William Somerset Maugham

Billig kaufen, teuer verkaufen, rasch kassieren und spät zahlen.

Richard Levin

Woran erkennt man einen Aussendienstmitarbeiter?
Im Portemonnaie sind nur Belege.

Lege das Ruder erst aus der Hand,
wenn das Boot an Land ist.
Aus Gabun

Alles wird teurer, nur die Ausreden
werden immer billiger.
Rudolf Bernhard

Meistens belehrt uns erst der Verlust über den Wert der Dinge.
Arthur Schopenhauer

Für alles, was du verloren, hast du etwas gewonnen; und für alles, was du gewinnst, verlierst du etwas.
Ralph Waldo Emerson

Kein Weiser jammert um den Verlust, er sucht mit freud'gem Mut ihn zu ersetzen.
William Shakespeare

Wenn die Werbung keinen Erfolg hat, muss man die Ware ändern.
Edgar Faure

Jeder Superlativ reizt zum Widerspruch.
Otto von Bismark

Werbung im Fussball ist die Kunst, auf das Tor zu zielen und den Geldbeutel zu treffen.
Reinhold E. Eichholz

Selbst der liebe Gott hat es nötig, dass für ihn die Glocken geläutet werden.
Sprichwort aus Frankreich

Ohne Werbung Geschäfte machen ist so, als winke man einem Mädchen im Dunkeln zu. Man weiss zwar, was man will, aber niemand sonst.

Stewart Henderson Britt

Je leerer die Versprechung, um so voller die Absicht.

Werner Mitsch

Beide schaden sich selbst: der zuviel verspricht und der zuviel erwartet.

Gotthold Ephraim Lessing

Eilen hilft nicht.
Zur rechten Zeit aufzubrechen, ist die Hauptsache.
La Fontaine

Alle menschlichen Fehler sind Ungeduld.
Franz Kafka

Zeitlos ist nur die Ewigkeit.
Frank Vonegg

Die Zeit ist immer reif, es fragt sich nur wofür.
François Mauriac

Die Leute, die niemals Zeit haben, tun am wenigsten.
Lichtenberg

Das meiste haben wir gewöhnlich in der Zeit getan, in der wir meinen, nichts getan zu haben.
Marie von Ebner-Eschenbach

Man verliert die meiste Zeit damit, dass man Zeit gewinnen will.
John Steinbeck

Prioritäten setzen heisst auswählen, was liegenbleiben soll.
Helmar Nahr

Der beste Prediger ist die Zeit.
Deutsches Sprichwort

Nachdem wir das Ziel endgültig aus den Augen verloren hatten, verdoppelten wir unsere Anstrengungen.
Mark Twain

Wer im Leben kein Ziel hat, verläuft sich.
Lincoln

Wer den Hafen nicht kennt, in den er segeln will, für den ist kein Wind ein günstiger.
Seneca

Der ans Ziel getragen wurde, darf nicht glauben, es erreicht zu haben.
Marie von Ebner-Eschenbach

Der Langsamste, der sein Ziel nur nicht aus den Augen verliert, geht noch immer geschwinder als der, der ohne Ziel herumirrt.

Gotthold Ephraim Lessing.

Die Zukunft ist die Ausrede derer, die in der Gegenwart nichts tun wollen.

Harold Pinter

Die Nachwelt ist nicht besser als die Mitwelt, sie ist nur später.

Arthur Schnitzler

Die Zukunft beunruhigt uns, die Vergangenheit hält uns fest, deshalb entgeht uns die Gegenwart.

Gustave Flaubert

Stichworte

Stichworte